Ansiedad

Guía definitiva para superar la ansiedad, ataques de pánico y miedo con remedios del día a día

(La forma más poderosa de superarla)

Colin Rolón

Publicado Por Daniel Heath

© **Colin Rolón**

Todos los derechos reservados

Ansiedad: Guía definitiva para superar la ansiedad, ataques de pánico y miedo con remedios del día a día (La forma más poderosa de superarla)

ISBN 978-1-7770207-1-2

Este documento está orientado a proporcionar información exacta y confiable con respecto al tema y asunto que trata. La publicación se vende con la idea de que el editor no esté obligado a prestar contabilidad, permitida oficialmente, u otros servicios cualificados. Si se necesita asesoramiento, legal o profesional, debería solicitar a una persona con experiencia en la profesión.

Desde una Declaración de Principios aceptada y aprobada tanto por un comité de la American Bar Association (el Colegio de Abogados de Estados Unidos) como por un comité de editores y asociaciones.

No se permite la reproducción, duplicado o transmisión de cualquier parte de este documento en cualquier medio electrónico o formato impreso. Se prohíbe de forma estricta la grabación de esta publicación así como tampoco se permite cualquier almacenamiento de este documento sin permiso escrito del editor. Todos los derechos reservados.

Se establece que la información que contiene este documento es veraz y coherente, ya que cualquier responsabilidad, en términos de falta de atención o de otro tipo, por el uso o abuso de cualquier política, proceso o dirección contenida en este documento será responsabilidad exclusiva y absoluta del lector receptor. Bajo ninguna circunstancia se hará responsable o culpable de forma legal al editor por cualquier reparación, daños o pérdida monetaria debido a la información aquí contenida, ya sea de forma directa o indirectamente.

Los respectivos autores son propietarios de todos los derechos de autor que no están en posesión del editor.

La información aquí contenida se ofrece únicamente con fines informativos y, como tal, es universal. La presentación de la información se realiza sin contrato ni ningún tipo de

garantía.

Las marcas registradas utilizadas son sin ningún tipo de consentimiento y la publicación de la marca registrada es sin el permiso o respaldo del propietario de esta. Todas las marcas registradas y demás marcas incluidas en este libro son solo para fines de aclaración y son propiedad de los mismos propietarios, no están afiliadas a este documento.

TABLA DE CONTENIDO

Parte 1 1

Introducción 2

Capítulo 1: Cambia Tu Mentalidad 3

"Al Otro Lado Del Miedo Hay Gran Alegría Y Felicidad" 3

Capitulo 2:Cómo Dejar De Sufrir Ansiedad 8

¿Cómo Desidentificarte De Tu Mente? 13
"El Poder De Elegir" 14
7 Emociones Y Lo Que Realmente Significan: 22

Capítulo 3: Limitar Las Creencias.. 25

"Mi Ventaja Es Mi Desventaja" 25
¿Cómo Lo Hizo? 26
"La Historia Del Elefante" 27
"La Historia Del Pez Gato" 29
"No Eres Quien Tu Mente Dice Que Eres"............................ 32

Capítulo 4: Cómo Influir En Las Personas 33

"El Poder De Los Incentivos" 33
"Agregar Valor A Asuntos Importantes".............................. 37
¿Por Qué Muchas Personas Se Sienten Insatisfechas En La Vida Y No Son Felices? 39

Capítulo 5: Cómo Ganar Más Intelecto Y Tomar Decisiones Más Inteligentes 42

¿Por Qué Es Tan Importante La Lectura?............................. 43
Les Sugiero Que Lea Los Libros Si Desea Mejorar En Alguna De Estas Áreas De La Vida... 46
"Escribe Las Cosas" 49

Parte 2 51

Introducción 52

Capítulo 1: ¿Qué Es La Ansiedad, En Realidad, Y Cómo Puedo Saber Que La Tengo?.. 54

Capítulo 2: Soluciones Para Ayudarte A Disminuir La
Ansiedad Aliviando El Estrés Interno 61

Capítulo 3: Date Un Capricho 74

Capítulo 4: Usa Tus Recursos 79

Capítulo 5: Ejercicio, Yoga Y Meditación............................ 82

Conclusión 87

Parte 1

Introducción

Quiero felicitarlo por tomar los pasos necesarios para la recuperación de su salud mental en este libro. Encontrará una manera terapéutica para lidiar con la ansiedad, el estrés, la depresión y muchas más complicaciones emocionales, como lo explican muchos profesionales como Tony Robins&Echart Tole y muchos más, incluido mi aporte sobre cómo lidiar con la ansiedad.

Espero que encuentre valor en este libro y comience su viaje hacia la recuperación.

También quisiera agradecerle de antemano por una revisión honesta.

Gracias.

Capítulo 1: Cambia tu mentalidad

"Al otro lado del miedo hay gran alegría y felicidad"

Para que recibas el regalo de liberarte de la ansiedad, tienes que cambiar la forma en que piensas sobre las cosas. Como yo mismo sé que es difícil de hacer pero es posible, lo primero que debemos hacer es creer que hay una forma de salir de este pensamiento negativo al hacerlo, permitimos que nuestro cerebro se vuelva receptivo. Debemos cambiar nuestra perspectiva, debemos ver los desafíos como oportunidades de crecimiento en lugar de amenazas, la ansiedad está aquí para enseñarnos a no hacernos daño, puede que no lo parezca ahora, pero es cierto que una vez que se libere de la ansiedad, verá cuán fuerte es. Te hará recordar que tu valle más bajo es tu montaña más grande. Cuando tuve ansiedad, todo lo que hice fue leer un libro y escribir un libro porque todo lo que quería hacer era estar solo. Usé mi tiempo correctamente, sí, fue difícil, pero mantuve mi mente ocupada en algo positivo y luego comencé mi propio negocio. Lo que trato de decir es que la ansiedad me hizo una persona mejor, más trabajadora, más compasiva hacia los demás.

Debemos cambiar la forma en que nos percibimos.Responde a esta pregunta: ¿te ves a ti mismo como una persona débil, aburrida y extravagante o te ves a ti mismo como una persona fuerte, valiente, sociable y compasiva, trata de no razonar contigo mismo, sino de identificarte como fuerte, valiente y persona humorística. Recuerda que la forma en que piensas es lo que sentirás sobre ti mismo, así que piensa en positivo.

Nunca dejes que la opinión de nadie se convierta en parte de ti. No permitas que otras personas te transmitan sus inseguridades. Ten en cuenta que la palabra de Dios dice que no permita que nadie lo juzgue por sus errores pasados.

Lo que pones en tu mente es lo que pones fuera de tu mente. Comprende que los pensamientos no son parte de ti o de tu persona, ya que los pensamientos surgen de manera espontánea y miscelánea, no tenemos control sobre lo que surge de nuestra mente. Los pensamientos no definen quiénes somos realmente. No seas víctima de tu mente, por lo general, los pensamientos provienen de experiencias pasadas, entornos sociales, nuestros padres, nuestra cultura, los medios de comunicación, estos pensamientos se programan en nuestra mente, por eso debemos vigilar lo que ponemos.

Cambia tu forma de pensar.En lugar de perder el tiempo pensando en todas las cosas malas que pueden suceder, debemos forzar nuestro pensamiento a pensar en todas las cosas buenas que pueden suceder, concentrarse en hacer sonreír a alguien porque nunca se sabe por lo que otras personas están pasando, también debes comprender que todos tenemos problemas, todos tenemos inseguridades y todos hemos cometido errores en la vida, no eres el único. Es una pena decirlo, pero ahora mismo hay alguien en el hospital que lucha por su vida y, gracias a Dios, no somos nosotros.

Aprende a reírte de tus problemas. Sí, ríete de tus problemas, di a ti mismo, hombre, supongo que soy un poco coice, la práctica, la práctica es la clave aquí para ti.

Reproduzco el pensamiento negativo en el nombre de Jesucristo. Recuerdo que cuando me sentía tan deprimido mi mente no dejaba de correr. Me golpeaba en el suelo, fui a un líder de la iglesia y le hablé y le pedí que orara por favor, porque yo estaba teniendo pensamientos suicidas y tenía miedo porque, por supuesto, no quería morir, solo quería que mi mente descansara, así que el pastor oró por mí y luego me dijo "cada vez que tengas estos pensamientos, repréndelos",en el nombre de Jesucristo".Esto me ha ayudado mucho a reprender cada pensamiento en el nombre de Jesucristo tan pronto como empecé a tener pensamientos negativos. Al principio reprendía éstos muchas veces a lo largo del día, y poco a poco se iban convirtiendo cada vez menos. HECHO: la persona promedio recibe entre 50.000 y 70.000 pensamientos por día, así que sí, si estamos constantemente pensando en algo negativo, puedes derribarle hasta el suelo.

CAPITULO 2: Cómo dejar de sufrir ansiedad

Eckhart Tolle en "El Poder del Ahora", nos explica que la identificación con tu mente crea una pantalla opaca de conceptos, imágenes de etiquetas, juicios de palabras y definiciones que bloquean toda relación verdadera. Él explica cómo se interpone entre tu y tu yo, entre tu y tu prójimo y mujer, entre tu y la naturaleza, entre tu y Dios. Es esta pantalla de pensamiento la que crea la ilusión de separación, la ilusión de que existes tu y el "otro" totalmente separado.

También explica lo importante que es para nosotros que aprendamos a desentendernos de nuestras mentes, porque la mente siempre está pensando en el pasado y la mayoría de las veces está pensando en algo negativo. Está diseñado de esa manera porque la mente está solo aquí para sobrevivir, eso es todo lo que quiere hacer sobrevivir. Ahora la razón por la que la mente siempre está pensando en el pasado, es porque el pasado nos da una identidad falsa de lo que la mente cree que somos y el futuro tiene una promesa de salvación de cumplimiento en cualquier forma. Ambas son ilusiones. El tiempo es una ilusión, el único tiempo real que tenemos es ahora. Piénsalo, nadie prometió el mañana y el ayer ya no se volverá a ver, solo en el reflejo de nuestras mentes si existe.

Cómo funciona la mente.Siempre escuchas esa voz dentro de tu cabeza que siempre está hablando, la mente siempre está comparando, juzgando y le gusta algo o le disgusta algo y se queja mucho. La forma de silenciar tu mente es estar atento y vivir en el presente, sentir tu cuerpo en el ahora como si acabaras de despertar de un sueño muy malo o como si hubieras estado ciego durante años y saber de repente que puedes ver. Siéntelo con tu cuerpo, ve las cosas a tu alrededor de la forma en que respiras y la forma en que caminas como si fuera algo realmente mágico, porque realmente lo es, la forma en que puedes manifestar tu ser en este mundo es mágica si está presente.

Eckhart Tolle dijo: "Entonces, cuando escuchas un pensamiento, estás consciente, no solo del pensamiento, sino también de ti. Puedes dar el primer paso ahora mismo. Comienza a escuchar la voz en tu cabeza tan a menudo como puedas. Pon atención particular a cualquier patrón de pensamiento repetitivo, esos viejos registros de gramófono que han estado tocando en tu cabeza tal vez por muchos años. Esto es lo que quiero decir con "observar al pensador", cuando escuches esa voz, escucha de manera imparcial. Para decir, no juzgue. No juzgues ni condenes lo que oyes, porque hacerlo significaría que la misma voz ha entrado de nuevo por la puerta trasera. *Pronto te darás cuenta: está la voz, y aquí la estoy escuchando, observándola. Esto es la realización, este sentido de tu propia presencia, no es un pensamiento. Surge de más allá de la mente. Tú mismo como testigo del pensamiento. Ha entrado una nueva dimensión de la conciencia. Cuando escuchas el pensamiento, sientes una presencia consciente, tu ser más profundo, detrás o debajo del pensamiento, por así decirlo. Luego, el pensamiento pierde su poder sobre ti y se desploma rápidamente, porque ya no estás energizando la mente a través de la identificación con ella. Este es el principio del fin del pensamiento involuntario y compulsivo."*

Eckhart continúa: cuando un pensamiento cede, experimentas una discontinuidad en la corriente mental, una brecha de "no-mente". Al principio, las brechas serán cortas, quizás unos segundos, pero gradualmente se harán más largas. Cuando ocurren estas brechas, sientes una cierta quietud y paz dentro de ti. Este es el comienzo de tu estado natural de unidad sentida con el Ser, que generalmente es oscurecida por la mente. Con la práctica, la sensación de quietud y paz se profundizará. De hecho, no hay final para su profundidad. También sentirás una sutil emanación de alegría que surge desde lo más profundo:

"Estar atrapado en tu mente es como estar atrapado en el tiempo"

La clave es terminar con el engaño del tiempo, vivir como si no hubiera pasado ni futuro, ya que es solo una ilusión, eliminar la ilusión de pasado y futuro y volverse presente.

"Identificarse con tu mente es estar atrapado en el tiempo"

Nuestras emociones son una expresión externa de cómo se siente tu cerebro por dentro.

¿Cómo desidentificarte de tu mente?

Eckhart Tolle dijo. "La mente juzga el presente a través del pasado y obtiene una visión distorsionada de él. No es raro que la voz sea el peor enemigo de una persona. Muchas personas viven con un torturador en la cabeza que continuamente los ataca y castiga," de energía vital. Es la causa de la miseria y la infelicidad indecibles, así como la enfermedad." Así que recuerda que, una vez que se haya liberado de tu mente y se afirme en el presente, solo entonces te sentirás vivo y la energía radiante que trae a la conciencia, esto no puede explicarse por la mente, solo puedes sentirla, que es la estado del ser iluminado. El ego juega un papel importante en lo que sucede en el reino inconsciente de la mente, el ego se deriva del inconsciente, que mantiene un falso sentido de identidad, una persona no puede ser lo que la mente piensa porque la mente trae pensamientos negativos que no reflejan quiénes somos realmente. El ego usa el pasado para hacer una historia falsa de quién cree que somos del pasado sociológico y hereditario, muchas otras pequeñas contribuciones del estado mental como el alcohol causa un lapso de juicios en el comportamiento humano.

"El Poder de Elegir"

Eckart Tole explica esto en esta forma exacta. Escuche la palabra elegir, elegir es una palabra que usamos todos los días. Pero elegir esa palabra puede ser engañoso al decir que alguien elige una relación disfuncional o cualquier otra situación en su vida. La elección implica conciencia, un alto grado de conciencia sin ella, no tienes elección. La elección comienza en el momento en que se identifica erróneamente desde la mente y sus patrones de condición desde el momento en que se hace presente hasta que llega a ese punto en el que está inconsciente, hablando espiritualmente. Esto significa que te obligaste a pensar para sentir y actuar de cierta manera. Según la condición de tu mente. Fue entonces cuando Jesús dijo: perdónales porque no saben lo que hacen. Esto no está relacionado con la inteligencia en el sentido convencional de la palabra. He conocido a muchas personas altamente inteligentes y educadas que estaban completamente inconscientes. Es decir, completamente identificado con su mente, ¿puedes ver cómo pueden suceder las cosas malas si tu conciencia no está creciendo?

No hay opción, una persona no tiene una opción si la mente la está utilizando en una parte inconsciente, significa que no está consciente de la realidad; simplemente está jugando lo que su mente ha creado un patrón mental que guío sobre qué el mundo necesita estar, no estar completamente presente en el ahora. Eso también hace que el novio de esta chica quede inconsciente porque su mente también está condicionada de manera tal que un patrón mental y emocional. La pregunta es, ¿eres realmente quién dicen tus patrones mentales que eres? en sus saludos no. Así es como la mente trata de obtener identidad. A menos que puedas acceder al poder del presente que te permite atravesar un pasado condicionado, ella tendrá una opción. Por lo tanto, si tienes rencor con tus padres, guardas resentimiento por el cuerpo del dolor que produce, porque no estás completamente presente y también tienes que aceptar el hecho de que tampoco tenían otra opción. La única forma en que puedes tener una opción si ha estado libre de tu mente.

Por ejemplo, una niña es una mala relación, no porque elija porque la realidad es que no es consciente porque creía en su mente que nosotros somos experimentados como un niño que su mente ha aceptado como normal, como un patrón mental crea patrones.

Piensa en la última vez que tuviste un mal sueño y te sentiste enojado o triste por ese sueño después de despertarte, por ejemplo, perder a un ser querido o tu cónyuge engañándote, y llevaste esas imágenes mentales en tu mente después de despertarte. Arriba, así es como la mente nos miente todo el día; crea estas imágenes falsas que despiertan emociones dentro de nosotros, y las emociones que representamos en el exterior es realmente cómo se siente la mente en el interior, pero debemos aprender a no hacerlo. Escucha esos pensamientos y desidentifícate con la mente y hazte más consciente del momento presente, esta es también una forma de cuerpo doloroso. Las mismas cosas que controlan nuestras emociones a partir de los patrones de pensamiento que vemos.

Pero no intentes captarlo con tu mente. No trates de entenderlo. Solo puedes saberlo cuando la mente está quieta. Cuando estás presente, tu atención está completa e intensamente en el Ahora, se puede sentir el Ser, pero nunca se puede entender mentalmente.

Tu mente es un instrumento, una herramienta. Está ahí para ser usado para una tarea específica y cuando la tarea se completa, la colocas. Tal como está, diría que entre el 80 y el 90 por ciento de la mayoría de la gente piensa que no solo es inútil, repetitivo y compulsivo, sino que, debido a su naturaleza disfuncional y, a menudo, negativa, gran parte también es perjudicial. Observa tu mente y encuentras que esto es verdad. Causa una grave fuga de energía vital. Este tipo de pensamiento compulsivo es en realidad una adicción? En pocas palabras, ya no sientes que tienes la opción de parar. Parece más fuerte que tú. También te da una falsa sensación de placer, placer que invariablemente se convierte en dolor.

¿Por qué deberíamos ser adictos al pensamiento? Porque te identificas con ella, lo que significa que derivas tu sentido del yo del contenido y la actividad de tu mente. Porque creíste que dejarías de ser si dejaras de pensar. A medida que creces, formas una imagen mental de quién eres, basado en tu condicionamiento personal y cultural. Podemos llamar a este yo fantasma el ego. Consiste en la actividad mental y solo puede mantenerse pasando por el pensamiento constante. El término ego significa diferentes cosas para diferentes personas, pero cuando lo uso aquí significa falso yo, creado por la identificación inconsciente con la mente.

En lugar de pensar en los resultados negativos reemplazarlos con resultados positivos.

El ego siempre se compara con los demás, por eso a veces nos sentimos menos o menos si alguien más tiene más, pero eso no es una realidad porque el materialismo no lo define, ya que no podemos llevar ninguna de esas cosas a la otra vida.

Llegará un momento en el que todos debemos aceptar el hecho de que algún día pasaremos a una vida futura, para eliminar el miedo a entrar en ese reino debemos crear en nuestra mente la vida futura como un lugar hermoso para caminar.

1) Los estudios muestran que si haces este ejercicio, mírate en el espejo de manera deprimida, observa tu postura exterior como se ve cuando estás en ese estado, así que practica posturas de poder con las manos en las caderas o los brazos cruzados. Sentirse poderosos también aumentan los niveles de testosterona.

2) Si tu eres el tipo de persona que cometió algunos errores graves, lo primero que debes hacer es no llamarlo un error, sino un error de juicio que todos recibimos como seres humanos, esto es cuando no creemos que nuestra mente sea amable de perderlo, no tiene que hacer nada con nosotros sino con la naturaleza humana.

Cómo estar presente: en un estado más profundo, haz este pequeño ejercicio, cierra los ojos e imagina que perdiste la vista y que habías estado ciego durante 10 años, luego, cuando los abres, puedes verlos e imaginarlos. Una persona en tu vida que amas profundamente podría ser tu hijo, tu hija, tu madre o tu padre, y ahora ves su rostro por primera vez después de 10 años de ser ciego. Pon toda tu emoción en ese enfoque y siente el aire, las cosas que te rodean a medida que comienzas a apreciar más la vida. Este es el estado de estar iluminado o completamente presente.

7 Emociones y lo que realmente significan:

Depresión: significa que necesitas restablecer tus prioridades y desarrollar tu autoestima, trata de hacer solo una cosa a la vez, no tomes demasiadas cosas, se vuelve estresante y da la sensación de estar abrumado.

Enojo: cuando estás enojado, eso solo significa que una de tus reglas ha sido violada, por lo que debes hacer es comunicarte con esa persona y hacerle saber que no fue tu intención la causa, si tu fuiste quien la causó.

Frustraciones: lo que estás haciendo no está funcionando, eso significa que necesitas cambiar lo que estás haciendo, el tiempo para restablecer tus objetivos comprende que, porque algo no funcionó, no significa que falló, simplemente no funcionó, tomó una decisión, paso importante en descubrir eso.

Culpabilidad: concéntrate en el mensaje y luego asegúrate de que nunca lo volverás a hacer. NOTA: usa el poder de ahora para sacarlo de este patrón de pensamiento junto con estas 7 revelaciones.

Solo: significa que necesitas ir a hablar con alguien.

Inferioridad / Miedo: proviene de la falta de conocimiento, significa que necesitas aprender algo y prepararte para cualquier adversidad externa a medida que tu mente lo percibe como un ataque del mundo exterior.

Daño: Significa que necesitas comunicarte mejor explica por qué no se cumplió su necesidad.

Lo que realmente necesitas entender es que tu sufrimiento es creado por ti, y no eres quién o lo que tu mente dice que eres, no lo sabías antes, pero ahora sí, sabes que tienes la comprensión y el poder de ahora para ayudarte a cambiar estos patrones mentales. Por ejemplo, cuando escuchas que tu mente dice que no puedo hacer esto, necesitas reemplazarlo con afirmaciones positivas, como que puedo hacer esto. Haré esto, esto no es nada que haya hecho antes.

Para una explicación más vívida y exacta, sugiero que leas "El poder de Ahora" por Echart Tolle. Tony Robins despierta al gigante interior.

Capítulo 3: Limitar las creencias

"Mi ventaja es mi desventaja"

Hay una historia de cómo Napoleon Hill, escritor de "Think and GrowRich," inculcó el deseo de su hijo Blair Hill cuando era pequeño. Blair Hill nació sin orejas cuando los médicos lo sacaron del vientre de su madre y dijeron que el bebé no escuchaba ni hablaba, pero Napoleón Hill no aceptó que, como es verdad, Napoleón habla sobre su deseo de que su hijo pueda hablar y escuchar un día, se propuso su único propósito de inculcar el deseo de querer hablar y escuche a su hijo Blair Hill a una edad temprana. La filosofía de Napoleón Hills fue que todos los logros comienzan con el primer paso, que le da poder para tener un deseo ardiente de obtener un resultado específico.

¿Cómo lo hizo?

Decidió no enseñar el lenguaje de canto de Blair, inscribió a Blair en las clases regulares de la escuela y leía los libros de Blair a la hora de ir a la cama, historias diseñadas para desarrollar en él la autosuficiencia, la imaginación y un gran deseo de escuchar y ser normal, "como para establecer la creencia de que su aflicción no era una discapacidad, sino un bien de gran valor." Napoleón Hill insistió en que BlairsMind no tuviera oídos en realidad era una ventaja, no una desventaja que persistía y que, debido a sus circunstancias, haría atención especial por parte de los profesores y tratamientos especiales de bondad.

Napoleón Hill insistió en que "cada adversidad trae consigo la semilla de una ventaja equivalente." Entonces, cuando Blair tenía 21 años, había probado diferentes tipos de audífonos y, lamentablemente, no había funcionado. Entonces, en su último año de universidad, dudó antes de probar un acústico en audífonos que fue diseñado específicamente para él por DictographProductsCompany, con sede en la ciudad de Nueva York. Sin embargo, el audífono demostró ser absolutamente perfecto para Blair, más tarde, después de eso, Blair trabajó con la compañía para anunciar y vender audífonos a otras personas con "discapacidades."

"La Historia del Elefante"

Cuando un hombre pasaba junto a un grupo de elefantes, se dio cuenta y se confundió por lo que vio, el asunto era que había un gran elefante atado a una cuerda, lo extraño era que este elefante tan pequeño, en la medida en que si él simplemente tirara de la cuerda, estaría libre de ser cautivo. Se preguntó a sí mismo por qué estos elefantes no intentan simplemente liberarse. Cuando vio pasar al entrenador, le hizo la misma pregunta. El entrenador explicó: "cuando eran pequeños, estaban atados exactamente con la misma cuerda de cuero, por lo que ahora que son más viejos están condicionados a creer que no pueden separarse, creen que la cuerda aún puede retenerlos, por lo que nunca intentan de nuevo."

Al igual que los elefantes, ¿cuántos de nosotros pasamos por la vida aferrados a una creencia que nos hace pensar que no podemos hacer algo solo porque antes hemos fallado? Cuántos de nosotros todavía llevamos estas creencias en nuestra mente, debemos liberarnos de estos patrones mentales condicionados y creer en nosotros mismos para tener la audacia de perseguir nuestros sueños. Henry David Thoreau dijo: "Aprendí esto, al menos, con mi experimento: que si uno avanza con confianza en la dirección de sus sueños y se esfuerza por vivir la vida que ha imaginado, se encontrará con un éxito inesperado en las horas comunes. Él dejará algunas cosas atrás, pasará un límite invisible, las leyes nuevas, universales y más liberales comenzarán a establecerse alrededor de él y dentro de él, o las viejas leyes se expandirán e interpretarán a su favor en un sentido más liberal, y vivirá con la licencia de un orden superior de seres."

"La Historia del Pez Gato"

La mayoría de nosotros pensamos que las cosas en la vida están aquí para destruirnos o para hacerlas miserables, pero eso está lejos de la verdad si puedo recordar muchas veces en mi vida que las cosas que llamé tan incómodas, donde solo estoy presente para mantenerme en movimiento y mantenme fresco. La historia de "TheCatFish" es una ilustración de cómo mis dudas, ansiedades y las personas que consideré que intentaban abatirme, fueron solo una contribución a lo que soy ahora, lo que me impulsó a escribir este libro y crecer mentalmente, espiritual e intelectualmente.

La historia de los peces gato: si no estás familiarizado con los peces bacalao, estos peces viven en la costa este del país. La noticia se difundió rápidamente de los sabrosos peces nuevos en los medios de comunicación hacia la Costa Oeste. Pero había un problema: no podían llevar el pescado a todo el país y mantenerlo fresco. Intentaron congelarlo y enviarlo por ferrocarril por los medios más rápidos en ese momento.

Cuando se preparó resultó ser muy blando y le faltaba sabor, alguien decidió enviar el pez con vida, convirtiendo los vagones de ferrocarril en enormes acuarios de agua salada. Cuando llegaron los bacalaos, todavía estaban vivos, pero cuando estaban preparados, todavía eran blandos y sin sabor. Después de estudiar el bacalao, alguien descubrió que su enemigo natural era el bagre esta vez, cuando el bacalao estaba en los tanques donde colocaron algunos bagres, el bagre persiguió al bacalao allí gracias a todo el país hasta el

Costa Oeste. Esta vez, cuando fueron capturados frescos y preparados en la Costa Oeste, tenían escamas y tenían el mismo sabor que tenían cuando estaban en la Costa Este.

Ves que necesitaban el bagre para mantenerlos frescos, así que si comienzas a analizar una situación en la vida, donde hay una persona que quizás te haya lastimado en el pasado y te haya dicho cosas malas, úsala como motivación para empujarte en un destino más grande.

"No eres quien tu mente dice que eres"

Como ya sabe, del Capítulo 2, tu no eres lo que dice su mente, ha habido citas y un libro escrito que indica que tu eres lo que piensa tu mente, pero percibo que este concepto es falso, porque en nuestra mente podemos fácilmente recordar un momento en el que pensamos mal de otra persona, sin siquiera conocerla. Ideas preconcebidas de alguien a quien ni siquiera conocemos, pero que hizo estos juicios e ideas, ¿fuiste tu o tu mente? Es la mente que usa patrones de pensamiento que han sido programados en nuestras mentes, por eso debemos aprender a no identificarnos con nuestras mentes. Por lo tanto, la próxima vez que escuches que tu mente dice algo sobre otra persona sin él, no se identifica contigo, por lo que comenzarás a no juzgarte por pensar los pensamientos negativos o enfermos de otra persona o cosa.

Capítulo 4: Cómo influir en las personas

"El poder de los incentivos"

Supongamos que tu compañero de trabajo te preguntara, si en tu descanso le comprarías una hamburguesa y una tarta de McDonald's y también le traerías un paquete de cigarrillos cuando regreses. ¿Cómo responderías a esta petición? ¿Cumplirías o negarías su solicitud? Sé que la mayoría de las personas negarían aceptar realizar esta solicitud, especialmente si realmente no se asocia con esa persona. Pero digamos que esta misma persona te hizo la misma solicitud pero se ofreció a otorgarte $ 30 si cumplías con su solicitud, ¿no aceptarías la oferta? Ese es el poder de los incentivos, los incentivos son cosas como regalos, compensación por las acciones de uno, etc.

Cómo conseguir que las personas cambien su mal comportamiento. Charlie Munger nos explica que los humanos reaccionan más a las pérdidas que a las ganancias, tendemos a centrarnos más en nuestras pérdidas, eso es la ganancia, es la sensación de perder algo lo que enciende la mente del hombre. Así que Munger implica que debemos hablar en términos de Pérdidas si queremos influir en el cambio, en el comportamiento de algunas personas. Charlie explica en su libro "Buscando Sabiduría," si desea que un CEO de una empresa deje de hacer prácticas poco éticas en los negocios, entonces debería explicárselo de esta manera. Si continúa haciendo eso, podría ser despedido y su reputación quedaría dañada, y no solo eso, sino también su responsabilidad. Poniendo a su familia en riesgo, por ir a la cárcel por ello.

Otra forma de influir en las personas es hacer que sean inalcanzables o difíciles de conseguir. Micheal de Montaigne: Prohibirnos algo es hacer que lo queramos. Cuanto menos disponible hay algo más lo deseamos. Estas son grandes estrategias de mercadeo, que también pertenecen a la escasez, que cae bajo la categoría de principios de persuasión escritos por Robert Cialdini. Lo que significa que las personas valoran las cosas si perciben que son escasas (un suministro limitado) no es suficiente. Piense en antigüedades, automóviles de lujo o incluso zapatos, cuestan más debido al hecho de que hay un suministro limitado.

Un ejemplo en 2012 fue cuando un bocadillo llamado Twinkie estaba cerrando la empresa, cuando la gente descubrió que estaban cerrando, mucha gente comenzó a comprarlos, en algún lugar incluso vendiendo por una cantidad ridícula de dinero en línea, hasta la escasez. Con el tiempo, la empresa se mantuvo en el negocio para que la gente comenzara a comprar más del producto. Cuando HostessTwinkies se estaba cerrando, la gente los vendía a precios ridículos, los más caros eran uno, una caja de Twinkie por 21 millones, según Business Insider. Es realmente asombroso cómo esta ley realmente produce su verdadera naturaleza.

Influencia a través del gusto. Si te gusta alguien y esa persona te pediría un favor, ¿no estarías más dispuesto a decir que sí, sea cual sea el motivo, tal vez te sientas atraído por él o ella, quizás estés enamorado de esa persona o tal vez ustedes solo son amigos y tienen muchas cosas en común. La verdad es que si puedes hacer que alguien como tú tenga el poder de persuadir a esa persona. Entonces, una cosa que debes hacer para que una persona le agrade es establecer una buena relación. La forma en que se establece es al comunicarse y escuchar lo que tienen que decir y actuar como esa otra persona a la que desea agradarle, dar elogios genuinos sobre su ropa, zapatos, etc., como sus amigos, por ejemplo, usted hace las cosas que les gusta y les dice cosas que les gustan, etc.

"Agregar valor a asuntos importantes"

Siempre recuerda agregar valor a cualquier cosa, agregar valor es una calidad que los jefes y las necesidades de la humanidad, por ejemplo, si vas a un trabajo donde quieras que trabaje y encuentras una manera de hacer el trabajo mejor de forma más rápida y económica, reduciendo costos y maximizando resultados, ¿crees que tu jefe lo apreciaría? Por supuesto, él lo haría. Si comienzas a convertirlo en un hábito, el cerebro se pondrá al día y eventualmente comenzarás a hacer estas cosas de manera inconsciente, creando esto en un hábito indefinidamente te hará una mejor persona.

Otro ejemplo sería, digamos que tu eres plomero o electricista, y ellos to enviaron a un trabajo, van a ver el trabajo, una vez que comienzan a preguntarse, ¿cómo puedo agregar valor a esto? Tu ves algunos cables colgando donde no se supone que deben hacerlo o fuera del código. Luego, se lo pasas a tu jefe y este cobrará más por el trabajo adicional que debe hacerse, si un fontanero dice que lo envió a un trabajo, pero una vez que se ve que un grifo gotea y que un tanque de agua va mal, le sugiere al propietario de la propiedad o la administración lo que debe hacer para evitar un daño de infraestructura mucho mayor, y luego transmite esta noticia a su jefe, que por lo tanto agrega valor a la situación.

¿Por qué muchas personas se sienten insatisfechas en la vida y no son felices?

La razón de este problema que enfrentan muchas personas es que no están donde quieren estar, o sienten que pueden hacerlo mejor, pero no porque tienen miedo de fallar. Viven vidas deprimidas, esto es un asunto de la vida real. Less Brown habló de esto en uno de sus discursos en el seminario, sobre cómo los estudios demostraron cuántos mueren el lunes por la mañana debido a ataques cardíacos. Creo que el estrés causa estos ataques cardíacos. La razón por la que esto sucede ahora puede sonar como un cliché, pero es porque estas personas no están a la altura de su potencial. Debido al temor, la duda y la incredulidad, la razón por la que no creen es debido a la falta de conocimiento, no tienen el conocimiento que les permite perseguir su sueño.¿Puedes creer que algunas personas no perseguirán sus sueños porque temen lo que otras personas puedan pensar, puedes creer eso? tienen miedo de perder un "buen trabajo", un trabajo en el que pueden ser despedidos en cualquier momento.

Construya tu entorno de una manera que respalde tus sueños y metas, por ejemplo, si quieres estar saludable, perder peso, necesitas construir el entorno a tu alrededor que respalde estas acciones. Es posible que debas mantenerte alejado de las situaciones de tentación hasta que desarrolles el impulso o disciplina para no caer en la tentación de los alimentos grasos, si deseas convertirte en abogado, debes estar en la oficina del secretario de la oficina. Es posible que desees estar cerca de personas orientadas a los objetivos de acondicionamiento físico y abstenerse de beber y personas que puedan inconscientemente o conscientemente frenar tu crecimiento.

Capítulo 5: Cómo ganar más intelecto y tomar decisiones más inteligentes

Convertirse en un autoaprendizaje de por vida a través de la lectura voraz; cultiva la curiosidad y esfuérzate por ser un poco más sabio cada día".

Charlie Munger

¿Por qué es tan importante la lectura?

La lectura te ayuda a obtener información sobre asuntos importantes de los que de otra manera no tendrías conocimiento. Si no hubieras leído el libro o la revista, la lectura puede proporcionarte un gran avance, puedes motivarte, obtener nuevas ideas para tu plan o negocio. La lectura puede proporcionar un plan para lo que estás tratando de lograr, un plan es un diseño de lo que se necesita hacer para cumplir una tarea, los libros pueden salvar vidas, pueden sacarlo de lugares oscuros. Hay libros de psicología y libros espirituales que también pueden hacer lo mismo por ti. Pueden agregar valor a tu vida y negocio, salud, estado físico, invertir, cocinar prácticamente cualquier cosa, hay algo dispuesto para que pueda acceder al reino de tus deseos, si tienes el ingenio (medios) para poder recoger un libro y encontrar la respuesta a tu problema.

Es realmente importante lo que decidas leer, lo que deberías leer son libros de autoayuda, libros de psicología, comportamiento humano y financiero. Recuerda que lo que pones en tu cerebro es lo que obtienes. Lo mismo se aplica a la salud y al buen estado físico. Con un conocimiento y una comprensión más profundos, los libros te hacen una mejor persona, te ayudan a aumentar tu creatividad, confianza e imaginación, te ayudan a desarrollar tus habilidades verbales que te hacen más competitivo en este mundo competitivo. De una manera peculiar (extraña), la lectura también puede convertirse en una fuente de meditación, una forma de escapar de la realidad. También podrías enfrentarte a pruebas y cómo esos personajes adquirieron sabiduría sobre cómo superar los desafíos difíciles en la vida, que debería ser la única razón por la que uno escogería una novela, creo.

Personas como Warren Buffet, Tony Robbin, OprahWinfrey, Steve Jobs y muchas otras personas exitosas dedican tiempo para leer y animan a leer todos los días. Warren Buffet, el amigo y socio de negocios de Charlie Munger, que por cierto tiene un valor neto de $ 75.6 billones, solo el segundo hombre más rico de los EE. UU. Fue quien preguntó qué era clave para su éxito. Señaló un montón de libros cercanos y dijo: "Lea 500 páginas como esta todos los días. Así es como funciona el conocimiento, se acumula como un interés compuesto." El interés compuesto es el interés sobre el interés.

Según se informa, Lincoln llevaría un libro a todas partes y escribiría las cosas en tableros si no tuviera papel. Hay una historia sobre Lincoln que tendría que viajar millas solo para pedir libros prestados a los agricultores en el límite de las ciudades. Lincoln tomaría prestados libros de leyes de amigos y vecinos, él leería después del trabajo durante un descanso en el trabajo, y Abraham Lincoln dijo lo siguiente.

Consigue los libros. Y léalos y estúdielos, le dijo a un estudiante de derecho que buscaba consejo en 1855. No importaba, continuó, ya sea que la lectura se haga en un pueblo pequeño o en una gran ciudad, solo o en compañía de otros. "Los libros y su capacidad para entenderlos, son los mismos en todos los lugares…. Siempre tenga en cuenta que sus resoluciones para tener éxito son más importantes que cualquier otra cosa."

La forma en que la lectura me ha ayudado, me ha hecho una persona más inteligente y me ha alentado a creer en mí mismo y no dudar de mí mismo, me ha enseñado a pensar mejor, permitiéndome ver lo que considero negativo en mi vida como un activo para mí y cómo utilizarlo en mi beneficio, mejor y continuar escribiendo este libro.

Les sugiero que lea los libros si desea mejorar en alguna de estas áreas de la vida.

Si deseas perder peso, te sugiero que leas Revistas para hombres o Revistas de ejercicios para mujeres que lo ayuden a mantenerse motivado y en línea con sus objetivos.

Si buscas dinero y riqueza, te sugiero que leas libros de inversión, como los escritos por Napoleon Hill, Warren Buffet y Charlie Munger, algunos de los hombres más ricos del mundo.

Si deseas pensar mejor, toma decisiones más inteligentes y toma el control de tu vida y pensamientos, te sugiero que leas libros de psicología y libros de autoayuda como este e influyas en la psicología de la persuasión por Robert B. Cialdini, Despierta el gigante interior por Anthony Robbins.

Si deseas liberarte de la ansiedad y la depresión, te sugiero que leas un libro espiritual y libros de autoayuda como "El poder de ahora", escrito por Eckhart Tolle. Despierta al gigante interior por AntonyRobbins.

El mundo está lleno de posibilidades infinitas, no te detengas debido al temor o la pereza que te hacen a la incredulidad, el miedo te paralizará, siempre habrá miedo cuando comiences algo nuevo, pero debes ser valiente para actuar incluso si el miedo está presente. Solo de esa manera, eliminarás los límites del miedo de la inconsciencia.

"Escribe las cosas"

¿Por qué es importante escribir las cosas? Los estudios muestran que cuando las escribes es más probable que te comprometas con ella y recuerdas que solo podemos contener tanta información en nuestro cerebro que es imprescindible que escribamos las cosas como objetivos y cualquier otra cosa. También debes tomar notas todo el tiempo, llevar un diario con usted para escribir cualquier cosa importante que te ayude a crecer y recordarle porque hay demasiada información que solemos olvidar.

Establezca metas: establecer metas nos da una sensación de satisfacción y algo que esperamos y motiva al enviar visiones a su cerebro que crean entusiasmo, una cosa que es muy importante es divertirse en todo lo que está haciendo.

Aprende a no tomarte la vida demasiado en serio: aunque la vida no es un juego, no debemos tomarlo muy en serio, debemos aprender a disfrutar la vida y no hacer hincapié en ganar riqueza o pruebas sociales, y ser felices siendo uno mismo, con o sin productos sociales.

Parte 2

Introducción

Este libro contiene medidas probadas y estrategias para reducir la ansiedad, los sentimientos nerviosos y prevenir los ataques de pánico. La ansiedad es un trastorno que afecta a millones de personas todos los días, y realmente puede afectar a la persona y la gente que le rodea. Hay formas de superar tus sentimientos de ansiedad y liberar tu vida del estrés adicional innecesario. En este libro, encontrarás formas de superar la ansiedad y los sentimientos que la acompañan. Lo creas o no, hay muchas maneras de ayudarte más allá de la medicación. Si tienes ansiedad y deseas librarse de ella, entonces este es el libro adecuado para ti.

- Identifica la ansiedad y cómo gestionarla adecuadamente.
- Fácil paso a paso sobre cómo manejar la ansiedad y el nerviosismo.
- Como tratarte mejor y tener más amor propio.
- Eres lo que piensas, así que esfuérzate

en pensar en positivo.
Gracias de nuevo por descargar este libro, ¡espero que lo disfrutes!

Capítulo 1: ¿Qué es la ansiedad, en realidad, y cómo puedo saber que la tengo?

Si te sientes incómodo, nervioso y preocupado a diario, lo más probable es que sufras ansiedad. No te preocupes, no estás solo. Millones de personas sufren ansiedad, y la mayoría ni siquiera lo saben, e incluso si lo saben, no saben cómo tratarla. La ansiedad realmente puede ser una carga para la vida cotidiana y puede hacer que las situaciones normales parezcan un desafío enorme. Todos nos sentimos ansiosos de vez en cuando, y esto afecta a cada persona de manera diferente. Ya sea que tengas miedo de hablar en público, te preocupe un gran examen en la escuela o incluso una nueva entrevista de trabajo, estas son cosas completamente normales con las que sentirse ansioso o nervioso.

.

Aunque la ansiedad cede una vez que superamos estas situaciones, para algunas personas todavía existe en la vida cotidiana y la acumulación de sentimientos de ansiedad puede resultar realmente abrumadora e imposible de superar. Si te estás preguntando si tienes ansiedad, comprueba si alguna de estas señales encajan contigo:

.

1. Preocupación excesiva. Como he dicho, es perfectamente normal preocuparse por las cosas por las que vale la pena preocuparse, pero cuando empiezas a estresarte sobre qué ropa es mejor usar para el trabajo o si a alguien le gustará el regalo de cumpleaños que compraste, te estás preocupando demasiado.

.

2. Dificultad al dormir o pérdida de sueño. Si estás sufriendo insomnio casi todas las noches o tienes problemas para dormir toda la noche porque te despiertas todo el rato, es probable que sea por ansiedad. Esas noches en las que te quedas despierto porque tu mente está acelerada y no puedes quedarte dormido por pensar demasiado y preocuparte por todo lo que está sucediendo en tu vida. Eso es la ansiedad.

3. Miedo irracional. La palabra clave aquí es "irracional". Es normal tener miedo, pero la causa del miedo sin ninguna razón lógica es la ansiedad. Si bien la ansiedad es común, algunos tipos de ansiedad se deben a una fobia o fobias específicas que podrías tener. Las fobias son en realidad un tipo de trastorno de ansiedad que envuelve un temor específico que debes evitar para evitarlo. Aunque algunas fobias son justificables, la mayoría son reconocidas como irracionales.

4. Tensión muscular y dolores. Como probablemente sepas, el estrés puede hacer que tu cuerpo se ponga tenso, lo que provoca dolores musculares, y la ansiedad suele ser la raíz de la mayor parte de su estrés.

5. Indigestión y otros problemas estomacales. ¿Alguna vez te has sentido tan nervioso que tu estómago se siente como si estuviera literalmente dando vueltas? Eso es porque el estómago está muy afectado por el estrés psicológico. El

Síndrome del Intestino Irritable (SII) es, desafortunadamente, un síntoma físico relacionado cuando sufres ansiedad. El SII puede causar dolor de estómago, diarrea, gases, hinchazón y más. Lo que es aún peor que tener estos síntomas es que a menudo te hacen sentir aún más ansioso, lo que causa un círculo vicioso.

- 6. La timidez y otros problemas de autoestima. Sentirte incómodo en su propia piel puede provocar un trastorno de ansiedad social. Si no eres fan de las grandes multitudes, eso es otro tema, pero si te sientes nervioso e incómodo en un entorno social pequeño, eso no es bueno. Tener ansiedad social puede hacerte difícil establecer y mantener amistades, relaciones y una buena relación con las personas con las que trabajas. Esto puede hacer que te sea difícil avanzar en tu trabajo o conocer gente nueva.
- 7. Ataques de pánico. Los ataques de pánico son absolutamente aterradores. El miedo, los mareos, los sudores fríos, los

latidos cardíacos, los problemas para respirar y los sudores fríos no son una combinación divertida de dolencias que experimentar. Lo que los hace aún más aterradores es que terminas viviendo con miedo porque no sabes cuándo volverás a tener uno. A menudo son provocados por la alta ansiedad y, a veces, ni siquiera estás seguro de por qué te ha dado uno.
.
8. Perfeccionismo y trastorno obsesivo-compulsivo (TOC). Cuando te sientes ansioso, a veces sientes la necesidad de asegurarte de que cada tarea que completes sea completamente perfecta. Si es menos que perfecto, terminas sintiéndote aún más ansioso y, a su vez, te sientes aún peor. El TOC a menudo está relacionado con la ansiedad porque sentirse ansioso puede obligarte a actuar de manera compulsiva e irracional al realizar rituales y rutinas que son innecesarias para completar una tarea.
.
9. **Flashbacks.** Si tu ansiedad está provocada por un evento traumático o

varios eventos que te sucedieron en el pasado y sigues teniendo flashbacks, es probable que también estés sufriendo un trastorno de estrés postraumático o trastorno de estrés postraumático. Esto le sucede mucho a las personas que presenciaron un trágico accidente; que han experimentado la muerte de un ser querido o a las que han estado en el ejército. Es posible que tus flashbacks provengan de otro evento relacionado con la ansiedad social. Tales como, ser avergonzado o ridiculizado en público. Aunque son menos extremos que los eventos que causan el trastorno de estrés postraumático, todavía son traumáticos para aquellos que sufren de ansiedad.

10. Tristeza o depresión. La depresión y la ansiedad a menudo van de la mano debido a que un sentimiento puede desencadenar el otro sentimiento. Hay signos que indican que tienes tanto ansiedad como depresión, y no debes ignorarlos, o solo irá a peor. Si experimentas latidos cardíacos incrementados y rápidos, dolores de

cabeza, sudoración, dificultad para respirar, fatiga, cambios en los hábitos alimenticios, probablemente estés sufriendo ansiedad. La ansiedad también puede causar que tengas problemas con la toma de decisiones, pérdida de concentración y dificultad para concentrarte en cualquier cosa. Si tienes constantes sentimientos diarios de tristeza y derrota, cambios de humor y está perdiendo interés en los pasatiempos y actividades que solía disfrutar, entonces es probable que estés lidiando con la ansiedad y la depresión.

Capítulo 2: Soluciones para ayudarte a disminuir la ansiedad aliviando el estrés interno

El primer paso en el camino para aliviar tu ansiedad es reconocer exactamente lo que estás sintiendo y lo que te está causando ansiedad en primer lugar. Existen soluciones simples que pueden ayudarte en tu camino hacia la recuperación. Una mente sana y un cuerpo sano van de la mano, por lo que solo tiene sentido comenzar el viaje desde el interior.

1. Simplemente respira. Respira profunda y lentamente y continúa repitiendo esto durante al menos tres minutos.

Permite que tu cuerpo se relaje y se calme. En cualquier momento en el que empieces a sentir ansiedad, repetir estas respiraciones te ayudará. Incluso hay ejercicios de respiración que puedes realizar, como los que practican en yoga. Hay un ejercicio de respiración que a menudo se conoce como la técnica 4-7-8

Para llevarlo a cabo, necesitas ponerte en una posición cómoda, ya sea sentado o acostado. Luego, coloca tus manos sobre tu estómago y una sobre tu pecho. Respira lentamente durante 4 segundos, mantenlo presionado durante 7 segundos y luego déjalo salir durante 8 segundos o hasta que tus pulmones estén vacíos. Puedes repetir esta técnica todo el tiempo que quieras.

.

2. Tómate un minuto para reconocer lo que estás sintiendo. Di tus sentimientos en voz alta (a ti mismo). Por ejemplo, "Me siento preocupado por esto" o "Me siento triste por esto". A veces, si dices lo que está sintiendo en voz alta, te darás cuenta de que es innecesario sentirte como te sientes. Luego, pregúntate qué te está haciendo sentir de esta manera. Simplemente, reconocer que tu ansiedad está causando que te sientas de cierta manera es algo bueno.

.

3. ¡Perdónate a ti mismo! Todos cometen errores, incluyéndote a ti. A veces suceden cosas que simplemente están fuera de nuestro control. No seas tan duro contigo mismo. No puedes culparte por no predecir que un problema suceda antes de que suceda. En lugar de culparte por un error que hayas cometido, o por la forma en que manejaste un problema, piensa en lo que puedes hacer en el futuro para no volver a cometer ese error. Intenta anotar tus ideas porque te ayudará verlas en papel.

4. Perdona a alguien más. Guardar rencor contra alguien puede ser una gran carga. Si la forma en que alguien más ha actuado es la causa de tu ansiedad, perdónalos por ello y acepta que es posible que no sepas por lo que están pasando en su vida, lo que puede haberlos llevado a actuar de cierta manera.

5. Pregúntate a ti mismo si vale la pena estar ansioso. Probablemente estés pensando: "Es más fácil decirlo que hacerlo", ¿verdad? No tiene por qué ser así. Nuestra ansiedad sin duda puede sacar

lo mejor de nosotros y, a veces, nos hace saltar a conclusiones o pensar lo peor de una situación en la que el problema probablemente sea mucho menos importante de lo que cree, o que no existe. Si te está preocupando por si alguien está molesto contigo, pregúntate si tienen una razón para estarlo o si estás asumiendo que lo están. Hazte estas simples preguntas para evitar un posible ataque de ansiedad.
.

6. Pasa menos tiempo en las redes sociales. Lo creas o no, las redes sociales son una de las principales causas de ansiedad y depresión. ¿Por qué? Porque pasamos horas y horas cada día comparando nuestras vidas con las vidas de otras personas. Nueve de cada diez veces, los usuarios de las redes sociales solo publicarán las cosas buenas o impresionantes que les sucedan en su Facebook, Instagram, etc., así que eso es todo lo que vemos. Es posible que no veamos que tienen una rueda pinchada esa mañana, o tuvieron un mal día en el trabajo, o están nerviosos por el evento que se avecina. Todos somos humanos, todos cometemos errores y tenemos malos días. No te compares con otras personas porque lo que estás viendo es solo la superficie de sus vidas. Concentra esa energía en mejorarte a ti mismo, un día a la vez, y superar tu ansiedad.

7. Reduce o elimina tu ingesta de cafeína. Estoy seguro de que esto no es lo que querías escuchar. La mayoría de nosotros necesitamos café o algún tipo de cafeína para pasar el día. Sin embargo, la verdad es que la cafeína puede empeorar sus síntomas de ansiedad. También puede provocar los síntomas en un momento en el que normalmente no se sentiría nervioso o ansioso. Si sientes que no puedes pasarte al descafeinado, inténtalo con el "semidescafeinado" por un tiempo. También puedes cambiar el café por el té verde. El té verde contiene cafeína, pero es mínimo en comparación con una taza de café.

8. Pon tus finanzas en orden. Los problemas de dinero pueden hacer que cualquiera tenga ansiedad. Si las finanzas son la fuente de la mayor parte de tu ansiedad, o incluso solo una parte de ella, definitivamente deberías recortar tus gastos y seguir un presupuesto. La estabilidad financiera puede calmar tu mente.

9. Haz algo que has estado posponiendo. Ya sea haciendo una llamada telefónica, escribiendo un correo electrónico o haciendo una cita, lograr algo relativamente pequeño que has estado evitando hacer aliviará enormemente tu ansiedad. Cuanto más procrastinemos, más altos son nuestros niveles de ansiedad. Nos sentimos ansiosos porque tenemos que hacer algo que no queremos hacer, y luego nos sentimos aún más ansiosos porque todavía no lo hemos hecho. Haz una lista de las tareas que has estado posponiendo. Intenta tachar una de tu lista al día. Te hará sentir productivo y reducirá tu ansiedad.

10. Céntrate en las cosas de tu vida que no te causen ansiedad. Pensar en las cosas buenas de tu vida que estás agradecido y agradecido puede reducir tu nivel de estrés. Intenta mantener la necesidad, incluso en tu día más estresante. Si estás teniendo una semana estresante y se siente especialmente ansioso, trata de concentrarte en algo divertido y emocionante que estés esperando. Rodéate de las cosas y las personas que te hacen feliz. También debes pensar en las cosas que van bien en su vida y no solo en las cosas que van mal.

11. Tómate un descanso de leer y ver noticias. La mayoría de los días hay más cosas malas en las noticias que buenas. Te beneficiaría tomarte un descanso para no sentirte deprimido, preocupado y estresado por algo sobre lo que no puedes hacer nada.

12. Acepta el hecho de que aún no eres quien quieres ser. Cuando sufres de

ansiedad, no puedes evitar pensar que te afectará por el resto de tu vida, lo que te causa más ansiedad. Puedes cambiar esto, pero debes aceptar que no puede suceder en un día. Trabaja en ti mismo un día a la vez y comenzarás a ver resultados.

.

13. Prepárate mentalmente, en caso de que lo que más temes suceda. En realidad, puedes reducir tu ansiedad para planificar lo que harías y cómo reaccionarías, hipotéticamente, si sucediera algo que temes. Por ejemplo, si lo que más temes es perder tu trabajo o que alguien cercano muera, es importante que te prepares mentalmente sobre cómo manejar algo trágico. Esto no significa que debas darle vueltas a esto o esperar que ocurran estas cosas; solo significa que debes desarrollar un plan práctico sobre cómo enfrentarlo, por si acaso. En realidad, esto puede disminuir tu ansiedad por estos temores, ya que sabes que si ocurrieran, podrías manejarlos.

.

14. Practica la gratitud. Agradece que tu

vida no esté peor de lo que está. Reconoce que aunque las cosas puedan parecer malas, realmente no lo son cuando se mira el panorama general. Utiliza un diario para anotar las cosas por las que estás agradecido y continúa agradeciéndolo. También puedes escribir algo bueno que te haya sucedido en una hoja de papel todos los días y ponerlo en un frasco. Al final del año, puedes leerlos todos y darse cuenta de que tienes mucho por lo que estar agradecido.
.

15. Mantén una actitud positiva. Si te sientes ansioso por que surja un problema o un evento porque te preocupa que el resultado sea negativo, intenta imaginar un resultado positivo en su lugar. Mantenerse optimista en situaciones difíciles y estresantes puede tranquilizarte y disminuir tus síntomas de ansiedad.
.

16. Escribe una lista de las cosas en las que eres bueno. En lugar de detenerte en cosas en las que has fallado o que no puedes hacer, haz una lista de todas las

cosas que has logrado y en las que sobresales. Si tienes temores o fobias específicas, haz una lista de los hechos que conoces sobre ellos. Por ejemplo, si temes viajar en avión, pero sabes que tiene que asistir a la boda de su hermana en todo el país, podrías anotar: "Las probabilidades de que un avión se estrelle son de una en 11 millones". Guarda estas listas en tu cartera, billetera o cajón del escritorio, y consúltalas en cualquier momento que empieces a sentirte ansioso por algo. La ansiedad tiende a apoderarse de todos nuestros pensamientos racionales, y terminamos olvidando y sin darnos cuenta de que la mayoría de los temores que tenemos son en realidad irrazonables y, a veces, incluso ilógicos.

.

17. Establece una rutina simple. Hacer algo simple como almorzar a la misma hora todos los días o ir al gimnasio a la misma hora puede ayudarte a sentir que tienes el control de algo en tu vida. Aunque sea algo pequeño, es un paso hacia el control de tu vida y tus sentimientos.

- 18. Mantén la calma y cuenta hasta diez. Cuando sientas que vas a tener un ataque de pánico, debes respirar profundamente y contar lentamente hasta diez.
- 19. Asegúrate de tener dormir bien por la noche. Dormir es la solución para muchos de los problemas de la vida. Estar bien descansado es muy importante para pensar con claridad. Cuando no duermes lo suficiente, disminuyes la capacidad de atención, la memoria y el autocontrol. Tu mente se vuelve confusa y es más probable que te preocupes por cosas de las que no tienes que preocuparte.
- 20. Levántate 15 minutos antes todos los días. La mayoría de las personas no se dan el tiempo suficiente en la mañana para prepararse. Esto nos hace apresurarnos y estresarnos incluso antes de haber desayunado. Levantarse un poco más temprano y darse tiempo adicional para prepararse puede reducir tu ansiedad y ayudarte a comenzar el día con el pie

derecho.

21. No canceles planes. Aunque no tengas ganas de levantarte de la cama algunos días, es importante cumplir con tus compromisos. Es probable que tu ansiedad social te haga querer evitar los planes que hiciste anteriormente, pero si abandonas a las personas con las que has hecho planes una y otra vez, es posible que se cansen después de un tiempo.

.

22. Devuelve a tu comunidad. Incluso si no puedes darte el lujo de donar dinero, ser voluntario en un evento comunitario o en un refugio no solo puede distraerte de su ansiedad, sino que también te permite establecer un sistema de apoyo para cuando estés en tu nivel más bajo.

.

23. Asegúrate de que estás comiendo bien. Puede que pienses que no importa, pero un cuerpo sano también es una mente sana. Lo que pones en tu cuerpo puede afectar la forma en que te sientes. Si estás comiendo muchos alimentos grasos, fritos o procesados, puedes hacer que tu mente

se deprima, al igual que tu cuerpo. Además, si estás aumentando de peso debido al estrés alimentario, esto puede hacer que te sientas aún peor contigo mismo.

.

24. Reduce el consumo de alcohol. Algunas personas piensan que el alcohol es la solución a todas sus batallas con la ansiedad. Puede parecer una solución temporal, pero a la larga, está empeorando tu ansiedad. El alcohol puede provocar ataques de pánico y empeorar la ansiedad. Es simplemente una tirita en una herida abierta.

.

Capítulo 3: Date un capricho

Cuando te sientas ansioso, estresado y abrumado, debes tomarte un tiempo para tratarte y / o mimarte. No tiene que ser algo extravagante; puede ser algo simple y barato. Lo que elijas, hazlo por ti y permítete relajarte.

25. Date un baño caliente y largo. Asegúrate de reservar un espacio de tiempo en el que sepas que no serás interrumpido. Apaga el teléfono y pon algo de música relajante o ambiental. Usa burbujas de baño de aromaterapia o aceites de baño para mejorar la relajación. El agua caliente relajará los músculos que están tensos por el estrés y te permitirá tener el tiempo necesario para ti.

26. Tómate un día libre de trabajo para hacer algo divertido. Está bien pasarse el día jugando a algo de vez en cuando. Tómate un día libre y ve a la playa o ve una película. Haz algo divertido que normalmente no harías un martes. Divertirse puede romper tu semana

monótona y distraerte de tus sentimientos de ansiedad habituales.

27. Tómate unas vacaciones o una escapada de fin de semana. Planea un viaje con tu pareja o un grupo de amigos. Tanto si se trata de unas vacaciones con todo incluido al Caribe o de un viaje a una cabaña pintoresca en el bosque o un bed and breakfast, te mereces una escapada que te permita distraerte de las cosas que normalmente te causan ansiedad. Además, la planificación del viaje en sí puede ser buena para ti, ya que te permite tener el control. También crea una buena distracción.

28. Ve a nadar, a dar una caminata o un largo paseo en la naturaleza. La naturaleza misma es muy relajante. Qué mejor manera de despejar tu mente que pasar tu tiempo lo más cerca posible de la naturaleza. La natación también es una excelente manera de aliviar el estrés y la ansiedad. Flotar en el agua crea una sensación de ingravidez, que es justo lo

que tu mente y tu cuerpo necesitan.

.

29. Apúntate a una clase de arte. El arte es extremadamente terapéutico y te permite expresarte.

.

30. Pasa tiempo con personas que te hagan reír. Se dice que somos la compañía que tenemos. Pasar el tiempo charlando con amigos y familiares felices que te hacen reír aumentará tu estado de ánimo y pronto olvidarás aquello que te daba tanta ansiedad.

.

31. Vuelve a conectar con un viejo amigo. Especialmente si son amigos con quienes solías tener una relación muy cercana o alguien con quien te sientes muy cómodo. Además, concentrar tu energía en reconectarte con alguien es otra gran distracción de tus sentimientos de ansiedad.

.

32. Haz un crucigrama. Concéntrate en algo que te haga pensar para bien.

.

33. Duerme una siesta. A todo el mundo le gustan las siestas. La próxima vez que sientas que tu ansiedad es demasiado abrumadora, intenta dormir un rato. A veces tu mente solo necesita un descanso de todo lo que estás pensando demasiado.
.

34. Juega con tu mascota. Se ha comprobado que las mascotas son terapéuticas. Saben cuando estás triste o enfermo y están dispuestos a ayudarte a superar esto. Las mascotas pueden reducir la ansiedad, la depresión y el estrés, especialmente los perros. Es por esto que llevan perros a hospitales, hogares de ancianos y residencias. Son capaces de tranquilizar a los pacientes y mejorar su estado de ánimo.
.

35. Quema velas de aromaterapia o utiliza aceites esenciales. El olor a menta, eucalipto, lavanda y otros aceites esenciales no solo puede hacer que te sientas relajado, sino también despejar tu mente de pensamientos no deseados.
.

36. ¡Disfruta el silencio! A veces, solo necesitas apagar las notificaciones de tu teléfono y correo electrónico y disfrutar de no tener que responder nada por un tiempo. Tómate varios minutos de cada día para recargar tu mente y tus energías. Si el silencio completo no es lo tuyo, pon música tranquila para ayudarte a relajarte y descansar.

Capítulo 4: Usa tus recursos

Un error común que tienen las personas con ansiedad es que a menudo sienten que están solos en esta batalla. Nunca debes sentirte como si estuvieras solo cuando luchas contra cualquier tipo de enfermedad o trastorno. De hecho, la sensación de estar solo puede empeorar tus síntomas. No tengas miedo de usar tus recursos.

.

37. Pide consejo a otros. A veces puede ser beneficioso para ti preguntar a las personas que están cerca de ti si sienten que estás siendo irracional. Pídeles su opinión honesta, no solo que te tranquilicen. Describe tu miedo o situación en su totalidad y diles exactamente por qué te sientes ansioso. Podrán darte una respuesta clara si conocen todos los "hechos".

.

38. Establece un sistema de apoyo y utilízalo. Ya sea tu mejor amiga, tu hermana o tu compañero de trabajo

favorito, encuentra a las personas que estarán contigo cuando estés en una crisis que no puedas manejar por ti mismo. No te enfermes por algo que te abruma por completo. Trabajar con alguien para encontrar una solución a su problema te ayudará a resolverlo más rápido y reducirá la posibilidad de un ataque de pánico.

.

.

39. Pídele a un amigo que comparta con usted una experiencia con la que os hayais sentido nerviosos o ansiosos. Saber que no eres el único que se preocupa por cosas por las que no deberías preocuparte puede darte mucha tranquilidad. Pregúntale a un amigo cercano o compañero de trabajo si pueden identificarse con cómo te sientes y pregúntales cómo pudieron manejarlo o sobrellevarlo.

.

.

40. Considera acudir a un médico para descartar una causa médica para tu ansiedad. Aunque los medicamentos no

son necesariamente la solución para eliminar tu ansiedad, deberías pedir una cita en el consultorio de tu médico de familia para asegurarte de que algo más grave no te haga sentir lo que sientes.

41. Encuentra un grupo de apoyo local. Si tu ansiedad no proviene de situaciones sociales, podría ser beneficioso encontrar un grupo de apoyo local para la ansiedad que celebre reuniones en las que todos discutan lo que les hace sentir tan ansiosos y lo que han estado haciendo para tratar de mejorar. Tener el apoyo de otras personas que se enfrentan a los mismos problemas que tú puede ayudarte mucho. Te darás cuenta de que no eres el único que se enfrenta a la lucha de vivir con ansiedad.

42. Habla con un terapeuta. No acudas a un alguien que solo va a recetarle medicamentos. Habla con alguien que realmente escuche lo que tienes que decir

y que pueda ofrecerte algunos consejos interesantes.

Capítulo 5: Ejercicio, Yoga y Meditación.

La actividad física es una excelente manera de aliviar el estrés y la ansiedad. No solo el ejercicio, sino también más actividades espirituales. No tienes que volverte loco en el gimnasio porque simplemente mantenerse activo de alguna manera te ayudará a aliviar el estrés y ansiedad.

43. Sal a pasear o correr. Cuando te sientas ansioso y creas que necesitas un descanso, ve a correr o da un buen paseo. Te ayudará a despejar tu mente y reducir tu ansiedad.

44. Ve al gimnasio. El ejercicio reduce las hormonas del estrés, lo que definitivamente puede aliviar su ansiedad. Las investigaciones demuestran que aquellos que hacen ejercicio regularmente no solo viven una vida más saludable, sino

que también pueden mantener una vida relativamente libre de ansiedad.

45. Haz yoga. Probablemente ya sabías que practicar yoga puede ayudarte a relajar la mente y el cuerpo, pero ¿sabías que el yoga es uno de los mejores remedios holísticos para la ansiedad? Una de las razones por las que es tan útil es que te mantiene en el momento presente. Gran parte de la ansiedad es temer o anticipar lo que sucederá en el futuro. Únete a una clase en su estudio de yoga local, o si no te sientes cómodo haciendo eso, intenta hacerlo en casa. Hay muchos DVDs, videos de YouTube y otros recursos que te ayudarán. Incluso si crees que el yoga no es para ti, te sorprendería lo mucho que relaja y calma.

46. Medita. La meditación ha existido durante siglos. Puede ayudar a reducir la ansiedad inmensamente. Uno de los síntomas y causas de la ansiedad es que nuestras mentes están constantemente compitiendo con ideas, preocupaciones y

miedo. La meditación te permite despejar la mente y concentrarte en la respiración. Te permite permanecer centrado y conectado a tierra, especialmente cuando sientes que estás al borde de una ansiedad o un ataque de pánico.
.

47. Repetir afirmaciones positivas. Debido a que la baja autoestima es una causa común de ansiedad, es útil repetirse afirmaciones positivas para recordarte que puedes y eres completamente capaz de hacer y cambiar lo que deseas cambiar de tí mismo. Puedes llegar a tus propias afirmaciones o pedir prestado una de otra persona. Haz lo que sea que te haga sentir mejor. Dedica un tiempo cada día para decirte esto a ti mismo. Si sientes que no es necesario, repítelas cuando te sientas nervioso o ansioso. Es casi como darse una charla de ánimos. Aquí hay algunos ejemplos de afirmaciones que puedes usar:

☐ "Cuando cambio mis pensamientos; estoy cambiando mi mundo ".

☐ "Mis maldiciones pueden volverse

bendiciones".
Somos lo que pensamos. Todo lo que somos surge de nuestros pensamientos. Con nuestros pensamientos, hacemos el mundo ". - Buda

☐ "Yahora, haré lo que sea mejor para mí". - John Green

"Esto también pasará".

"Haz lo que puedas, con lo que tienes, donde estés". -Theodore Roosevelt

.

48. Organizar y ordena. Tener un hogar, automóvil o escritorio liado y desordenado no solo puede estresarte, sino que también le dificulta encontrar cosas cuando las necesitas (como sus llaves, teléfono, etc.) Elige un cajón o estante en tu casa para organizar cada día. Esto hará que no sea tan abrumador como tratar de organizar todo el espacio a la vez.

.

49. Tira cosas a la basura. Las personas que sufren de ansiedad también tienden a ser acaparadores. Esto se debe a que tienen miedo de tirar cualquier cosa porque temen que puedan necesitarlo en el

futuro. Deseche una cosa de una habitación al día, aunque sea basura o un artículo pequeño. Te ayudará a liberar su hogar y su mente de las cosas innecesarias que retienes.

.

50. Limpia. Cuando te sientes ansioso, poner tu energía en algo productivo, como limpiar, ayuda. Un dormitorio limpio y ordenado le ayudará a dormir mejor por la noche, lo que en última instancia reducirá su ansiedad. Un hogar limpio te dará una mente clara.

.

Conclusión

¡Gracias de nuevo por descargar este libro!

Espero que este libro haya podido ayudarte a reducir tus sentimientos de estrés, ansiedad, nerviosismo y pánico.

El siguiente paso es probar los enfoques prácticos enumerados en este libro y encontrar los que mejor te funcionen.

¡Gracias y buena suerte!

www.ingramcontent.com/pod-product-compliance
Lightning Source LLC
Chambersburg PA
CBHW071116030426
42336CB00013BA/2111